# CANINOS

## DEPREDADORES

Lynn M. Stone
Versión en español de Argentina Palacios

The Rourke Corporation, Inc.
Vero Beach, Florida 32964

CRÉDITOS DE FOTOGRAFÍAS
© Lynn M. Stone: portada, página de portada, páginas 4, 10, 13, 17, 18, 21;
© Tom y Pat Leeson: páginas 7, 8, 12, 15

**Library of Congress Cataloging-in-Publication Data**
Stone, Lynn M.
   [Canines. Spanish]
Caninos/Lynn M. Stone; versión en español de Argentina Palacios.
     p.  cm. — (Depredadores)
   Incluye índice.
Resumen: Describe las características físicas, los hábitos de caza,
el ambiente natural y la relación de los seres humanos con varios
miembros de la familia de los perros, incluyendo lobos, zorros y
coyotes.
   ISBN 0-86593-319-7
1. Canidae—Norteamérica—Literatura juvenil. [1. Canidae.
2. Perros. 3. Animales depredadores. 4. Materiales en español.]
I. Título. II. Serie: Stone, Lynn M. Depredadores. Español.
QL737.C22S75718    1993
599.74'442'097—dc20
                                         93-15720
                                           CIP
                                           AC

# ÍNDICE DE MATERIAS

## LOS CANINOS COMO DEPREDADORES

Un zorro, un lobo o un coyote tiene la apariencia de un perro de cola muy peluda. Es porque son simplemente **especies** silvestres, o clases, de perros. (Los científicos llaman a los perros, silvestres y domesticados, **caninos.**)

Los caninos silvestres parecen perros domésticos, pero no actúan como tales. Un perro doméstico depende de las personas para comer. Los caninos silvestres son **depredadores.** Tienen que cazar, perseguir y matar otros animales, su **presa,** para poder vivir.

¡La comida de un lobo no viene en una lata o una bolsa!

*Los lobos y otras especies de caninos silvestres se parecen a los perros domésticos*

Af 2/7/06

## LAS ARMAS DE LOS CANINOS

Los perros tienen la misma clase de dientes fuertes y agudos que tienen sus parientes silvestres. Pero los perros no tienen que emplear los dientes para matar a otros animales. Para los caninos silvestres, los dientes son las armas que emplean para matar la presa.

Las garras de los caninos son bastante romas. Pueden arañar y cortar, pero no son como las garras de los felinos, curvas y mortalmente agudas.

*Con sus agudos dientes,*
*un coyote atrapa una ardilla*

# CÓMO CAZAN LOS CANINOS

La naturaleza se ha asegurado de que los caninos tengan una buena oportunidad de agarrar su presa. Los caninos tienen vista y oído excelentes. También tienen un gran sentido del olfato.

Los caninos acechan y persiguen a su presa. También emboscan a un animal pequeño por sorpresa y le caen encima.

Los caninos silvestres matan su propia presa. De vez en cuando comen **carroña,** es decir, la carne de animales muertos a los cuales no tuvieron que matar.

*Un coyote le cae encima a un pequeño roedor en una llanura del oeste*

9

# LOS ZORROS

Entre los caninos silvestres de Norteamérica, las seis especies de zorros son las más pequeñas. La cola peluda y el pelaje largo hacen que el pequeño cuerpo, de 2 a 14 pulgadas, parezca más grande.

El zorro rojo es el que se encuentra en mayor extensión por Norteamérica. Dos especies de zorro gris son los únicos caninos que trepan árboles.

Los zorros se alimentan de roedores, aves y otros animales pequeños. También comen carroña. El zorro ártico, por ejemplo, engulle las sobras de la comida del oso polar en el helado mar Ártico.

*Los zorros grises son los únicos caninos que trepan árboles*

*Estos cachorritos de zorro rojo comen de la presa que les trajeron los padres*

*Compañeros de merienda, estos dos lobos
mordisquean las sobras de un venado*

# LOS COYOTES

El coyote tiene la apariencia de un lobo pequeño y también "canta" de forma parecida a la del lobo. Sus gañidos y aullidos son sonidos nocturnos muy conocidos en las praderas del oeste.

Los coyotes son sumamente veloces. Sin dificultad alguna agarran a corredores tan notables como las liebres americanas.

Cazan cada uno solo y en pares y grupos pequeños. Varios coyotes grandes (de hasta 50 libras) juntos pueden matar a un venado.

El lugar de residencia, o **hábitat,** del coyote puede ser variado. En años recientes se han extendido por la parte este de Norteamérica.

14

*Un coyote se come a un uapití que ha muerto de hambre durante un invierno muy severo*

# LOS LOBOS ROJOS

Los lobos rojos son más pequeños que los más conocidos lobos grises norteamericanos. Los lobos rojos se encontraban en toda la parte sureste de los Estados Unidos. Los pobladores los mataban a tiros y los envenenaban y los agricultores y el municipio les destruían su hábitat. (La historia del lobo gris en los estados del norte es muy parecida.)

Hoy en día quedan menos de 200 lobos rojos, la mayoría de los cuales se encuentran en cautiverio. A algunos de los lobos rojos nacidos en cautiverio los han soltado de nuevo en el monte. A medida que la población de lobos rojos aumenta, habrá más lobos rojos para dejar en estado montaraz de libertad.

*El lobo rojo, una especie en peligro de extinción, es uno de los mamíferos más escasos en Norteamérica*

# LOS LOBOS GRISES NORTEAMERICANOS

Los lobos grises norteamericanos son los caninos silvestres de mayor tamaño. Por lo general, los machos pesan alrededor de 80 libras, pero pueden pesar hasta el doble.

De todos los animales **carnívoros,** es decir, los que se comen a otros animales, los lobos son los más **sociables.** Se encuentran a gusto en compañía de otros lobos y andan en manadas que pueden tener de cinco a 30 animales.

Los lobos a menudo matan animales de mayor tamaño que ellos—alce, venado, uapití y **caribú.** Tumban a esos animales tan grandes mordiéndolos en las ancas y los lomos.

*Una manada de lobos se apresura a comerse un venado de cola blanca*

# LOS CANINOS Y LOS SERES HUMANOS

Al perro se le llama "el mejor amigo del hombre" y por lo general lo tratan bien. Asombrosamente, a los primos silvestres del perro muchas veces los tratan como si fueran enemigos del hombre.

A los caninos silvestres los han cazado por deporte y por la piel. También los han destruido—a tiros, en trampas o envenenados—en parte porque comen algunas de las mismas clases de animales que comen los seres humanos, tales como gallinas, ovejas, venados y alces.

Los lobos, en especial, han desaparecido de su antiguo hábitat porque éste se ha destruido para crear fincas o granjas y ciudades.

*Los lobos han desaparecido de la mayor parte de su antiguo hábitat en Estados Unidos y México*

# CÓMO SALVAR LOS CANINOS SILVESTRES

El lobo rojo, el zorro veloz del norte y el zorro de San Joaquín se encuentran **en peligro** de desaparecer del planeta para siempre. El lobo gris lo está en México y en todos los estados contiguos de Estados Unidos menos en Minnesota. (No se encuentra en peligro ni en Alaska ni en Canadá.)

Mientras más saben las personas acerca de los zorros, los coyotes y los lobos, menos posibilidades hay de que destruyan a los animales y su hábitat. Por ejemplo, gran número de personas han aprendido a respetar y a no temer a los lobos.

Ojalá que el aullido del lobo se oiga en bosques donde no se ha oído en 100 años.

# Glosario

**canino**—cualquiera de los perros silvestres o domésticos

**caribú**—un venado silvestre que se agrupa en grandes manadas en el Lejano Norte

**carnívoro**—un animal que come carne

**carroña**—carne muerta, a menudo vieja

**en peligro**—que tal vez se acabe y no exista más; muy escaso o raro

**especie**—dentro de un grupo de animales relacionados muy cercanamente, como los zorros, una clase o tipo especial (zorro rojo )

**depredador**—un animal que mata a otro para que le sirva de alimento

**hábitat**—la clase de lugar donde vive, o habita, un animal, tal como un desierto

**presa**—animal o animales que caza otro animal para comer

**sociable**—que se junta o pasa tiempo en compañía de otros de su misma clase o hábitos

# ÍNDICE